Voici ton premier livre illustré bilingue.

Explore les pages, les unes après les autres, pour trouver des mots familiers. Essaie de repérer tous les mots illustrés, cherche le caméléon malicieux qui se cache dans chaque scène et réponds aux questions du robot. Ce livre peut être utilisé de différentes façons : pour amorcer une histoire, pour observer des détails et pour commencer à reconnaître les mots de tous les jours.

D1261743

Le matin
In the morning

une camisole
undershirt

un tee-shirt
T-shirt

une chemise
shirt

un chandail
sweater

un short
shorts

un pantalon
pants

une jupe
skirt

une robe
dress

un chapeau
hat

un manteau
coat

une écharpe
scarf

un parapluie
umbrella

des gants
gloves

des chaussures
shoes

4

Mon livre illustré bilingue

Illustrations de Heather Heyworth

Texte français d'Isabelle Montagnier

Éditions SCHOLASTIC

Catalogage avant publication
de Bibliothèque et Archives Canada

Heyworth, Heather
Scholastic-mon livre illustré bilingue /
illustrations de Heather Heyworth;
texte français d'Isabelle Montagnier.

Traduction de: First picture word book.
Texte en français et en anglais.

ISBN 978-1-4431-1106-5

1. Vocabulaire--Ouvrages pour la jeunesse.
2. Anglais (Langue)--Vocabulaire--Ouvrages
pour la jeunesse. 3. Reconnaissance des
mots--Ouvrages pour la jeunesse.
I. Montagnier, Isabelle II. Titre.

PC2445.H49 2011   j448.1   C2010-907869-1F

Library and Archives Canada Cataloguing
in Publication

Heyworth, Heather
Scholastic-mon livre illustré bilingue /
illustrations de Heather Heyworth ;
texte français d'Isabelle Montagnier.

Translation of: First picture word book.
Text in English and French.

ISBN 978-1-4431-1106-5

1. Vocabulary--Juvenile literature.
2. French language--Vocabulary--
Juvenile literature. 3. Word recognition--
Juvenile literature. I. Montagnier,
Isabelle II. Title.

PC2445.H49 2011   j448.1   C2010-907869-1E

 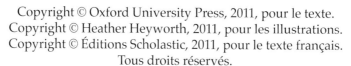

L'éditeur aimerait remercier Lesley Pettitt pour sa contribution
à la compilation du texte anglais.

L'Oxford First Picture Word Book a été publié initialement en anglais en 2011.
Cette édition est publiée en accord avec Oxford University Press.

The Oxford First Picture Word Book was originally published in English in 2011.
This edition is published by arrangement with Oxford University Press.

Édition publiée par les Éditions Scholastic,
604, rue King Ouest, Toronto (Ontario) M5V 1E1.

5 4 3 2 1   Imprimé en Chine CP147   11 12 13 14 15

5

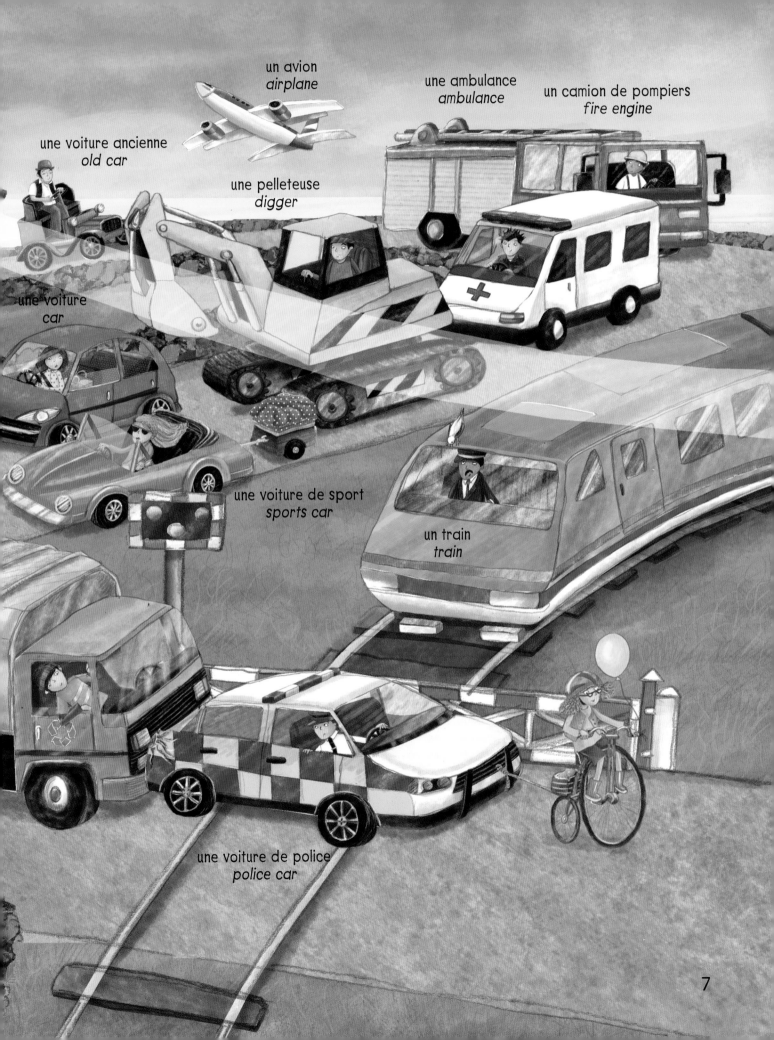

7

À l'école
At school

une boîte-repas
lunch box

des livres
books

sauter
à la corde
skip

courir
run

une enseignante
teacher

des crayons
de cire
crayons

Qu'est-ce
que les enfants
sont en train
de peindre?

8

sauter
jump

donner un
coup de pied
kick

un ballon
ball

une table
table

sautiller
hop

une chaise
chair

de la colle
glue

des ciseaux
scissors

une règle
ruler

des crayons
pencils

un pinceau
paintbrush

de la peinture
paint

9

L'heure du jeu
Playtime

des graines
seeds

un chat
cat

une pelle
shovel

un chien
dog

une bêche
pitchfork

un papillon
butterfly

de la terre
soil

une coccinelle
ladybug

un arrosoir
watering can

un bourdon
bumblebee

une fleur
flower

une fourmi
ant

une feuille
leaf

un escargot
snail

une grenouille
frog

Qu'est-ce qui fait pousser les tournesols?

On se déguise!
Dressing up

Associe les mots aux costumes des enfants.

un joueur de soccer soccer player	une princesse princess	un pompier firefighter	un fantôme ghost
un médecin doctor	une ballerine ballet dancer	un astronaute astronaut	un prince prince

une policière	un cuisinier	un chevalier	une cowgirl	un constructeur
police officer	*cook*	*knight*	*cowgirl*	*builder*

une vétérinaire	un pirate	une fée	un clown	un pilote de course
vet	*pirate*	*fairy*	*clown*	*race car driver*

Me voici
All about me

le visage
face

la joue
cheek

l'oreille
ear

la langue
tongue

le nez
nose

le menton
chin

l'œil
eye

Choisis un mot
et montre à quoi il correspond
sur l'image!

le cou
neck

l'épaule
shoulder

la main
hand

la poitrine
chest

la jambe
leg

le pied
foot

le bras
arm

le coude
elbow

le doigt
finger

le ventre
tummy

le genou
knee

l'orteil
toe

Cuisinons ensemble
Cooking together

du beurre
butter

un couteau
knife

des œufs
eggs

du fromage
cheese

un bol
bowl

du pain
bread

une cuiller en bois
wooden spoon

de la farine
flour

de la pâte
pastry

Le défilé des instruments
Musical parade

un triangle
triangle

une harpe
harp

une flûte
tin whistle

une trompette
trumpet

une flûte à bec
recorder

des maracas
maraca

un banjo
banjo

De quel instrument joue le garçon qui porte un short rouge?

un cor
horn

un accordéon
accordion

des cymbales
cymbals

un tambour
drum

des clochettes
bells

des castagnettes
castanets

une grosse caisse
bass drum

un chef d'orchestre
bandleader

Le placard à jouets
Toy cupboard

Quels animaux vivent dans l'eau?

un éléphant
elephant

un crocodile
crocodile

une girafe
giraffe

un poisson
fish

un perroquet
parrot

un kangourou
kangaroo

un singe
monkey

un koala
koala

une souris
mouse

un pingouin
penguin

un tigre
tiger

un zèbre
zebra

un panda
panda

un rhinocéros
rhinoceros

un serpent
snake

un cheval
horse

un hérisson
hedgehog

une pieuvre
octopus

un poulet
chicken

une araignée
spider

un ours
bear

20

Bonne nuit!
Night time

la lune
moon

une étoile
star

un vaisseau spatial
spaceship

une planète
planet

des rideaux
curtains

une garde-robe
wardrobe

un réveil
clock

un télescope
telescope

une serviette
towel

une baignoire
bath

un pyjama
pyjamas

une brosse à dents
toothbrush

un lit
bed

Quel instrument peux-tu utiliser pour observer les étoiles?

23

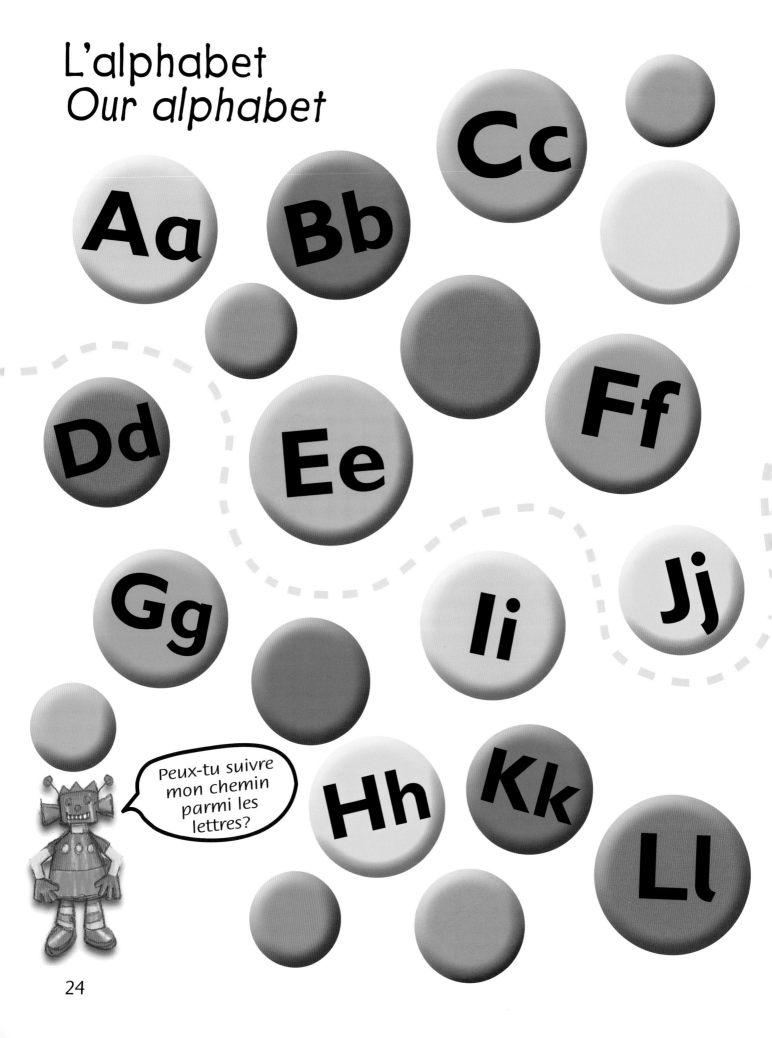

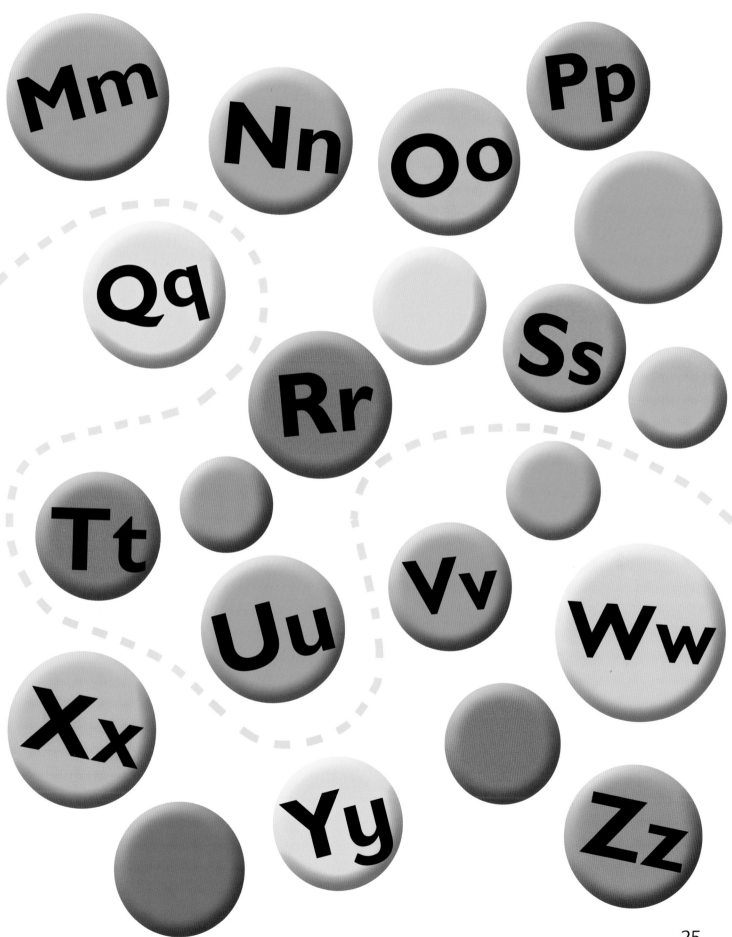

Mm Nn Oo Pp Qq Rr Ss Tt Uu Vv Ww Xx Yy Zz

Compte avec moi!
Counting with me

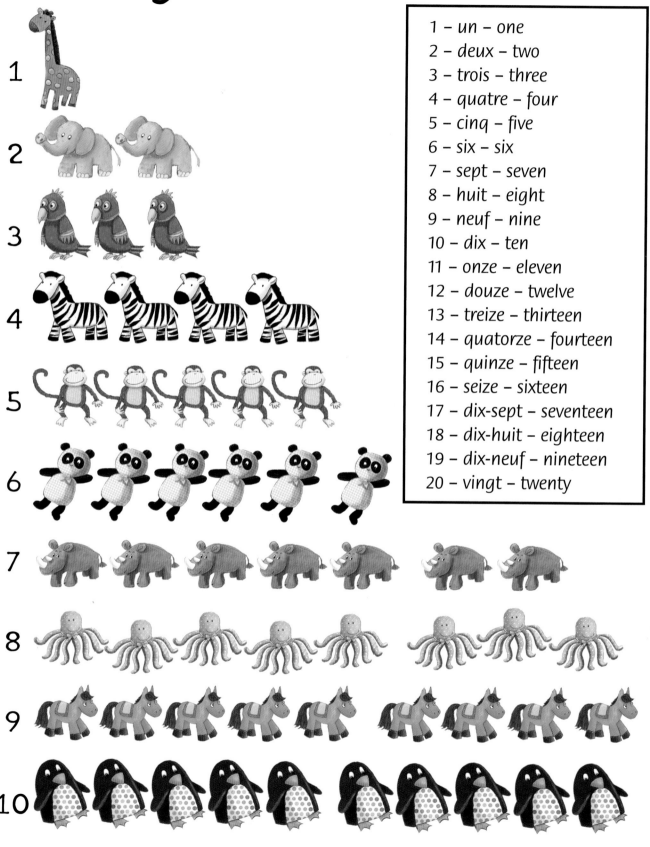

1
2
3
4
5
6
7
8
9
10

1 – un – one
2 – deux – two
3 – trois – three
4 – quatre – four
5 – cinq – five
6 – six – six
7 – sept – seven
8 – huit – eight
9 – neuf – nine
10 – dix – ten
11 – onze – eleven
12 – douze – twelve
13 – treize – thirteen
14 – quatorze – fourteen
15 – quinze – fifteen
16 – seize – sixteen
17 – dix-sept – seventeen
18 – dix-huit – eighteen
19 – dix-neuf – nineteen
20 – vingt – twenty

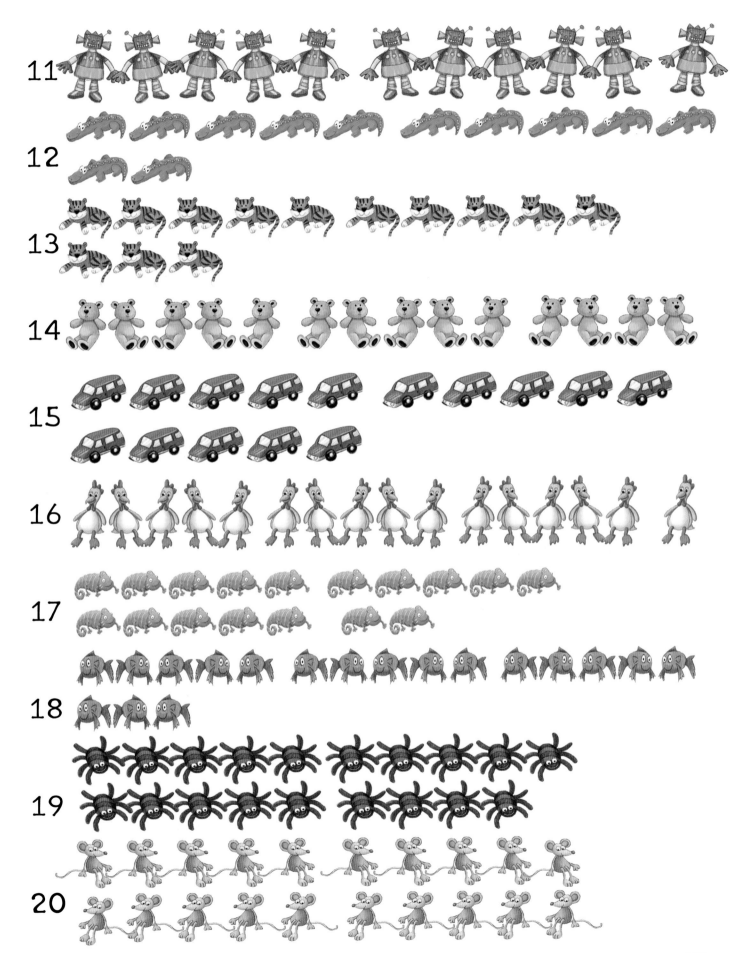

11

12

13

14

15

16

17

18

19

20

Les mots courants
Words we use a lot

a *has*	je *I*	est *is*	elle *she*	dans *in*	non *no*
oui *yes*	vers *toward*	vais *go*	de *of*	nous *we*	me *me*
suis *am*	tu *you*	mon *my*	on *we*	elles *they*	il *he*
chez *to*	pour *for*	le *the*	et *and*	ils *they*	sont *are*
la *the*	va *going*	tout *all*	aime *love*	vois *see*	sur *on*
	peux *can*	jour *day*	joue *play*	ce *this*	as *have*

Combien de mots commencent par la lettre « a »?

Les couleurs
Colours

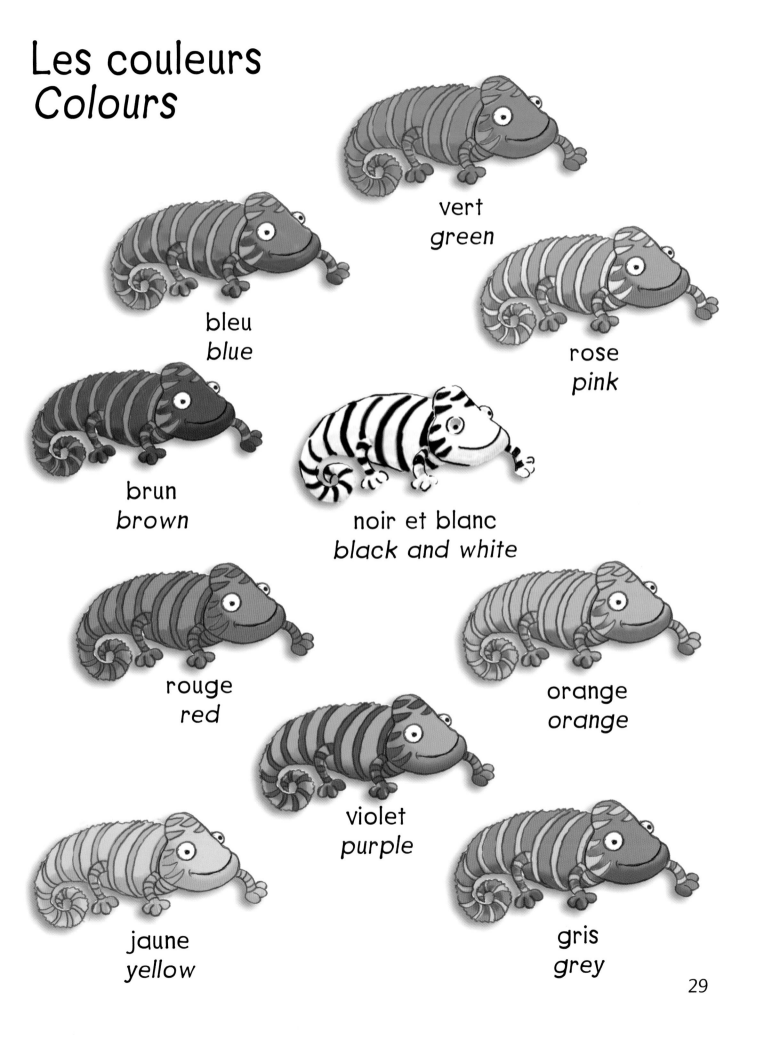

vert
green

bleu
blue

rose
pink

brun
brown

noir et blanc
black and white

rouge
red

orange
orange

violet
purple

jaune
yellow

gris
grey

Les formes
Shapes

un carré
square

un rectangle
rectangle

un cercle
circle

un triangle
triangle

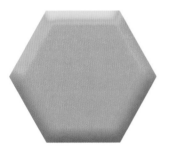

un hexagone
hexagon

un losange
diamond

un ovale
oval

un pentagone
pentagon

un cube
cube

un parallélépipède
cuboid

un cône
cone

une pyramide
pyramid

un cylindre
cylinder

une sphère
sphere

30

Peux-tu trouver...?
Can you find...?

Chante la chanson de l'ABC en anglais.

Peux-tu trouver le caméléon malicieux qui se cache dans chaque scène?

Chante la chanson de l'ABC en français.

Trouve trois objets en plastique.

De quelle couleur est le cône sur la page des formes?

Est-ce que ton animal favori est dans le placard à jouets?

Trouve trois objets en tissu.

Quels moyens de transport peuvent t'emmener en vacances?

As-tu trouvé l'animal à deux cornes?

Le caméléon malicieux a un ami piquant que l'on voit deux fois. Peux-tu le trouver?

Compte les nombres à reculons en commençant par vingt.

De quelle couleur sont les gants de l'astronaute?

Trouve trois choses en bois.

Combien d'œufs y a-t-il sur la table?

Les garçons et les filles dans ce livre n'ont pas de nom. Peux-tu leur en donner un?

Index

Réponses : Peux-tu trouver le caméléon malicieux qui se cache sur chaque image? « Le matin » - dans la baignoire; « En route » - dans le panier de la première bicyclette; « À l'école » - à côté de l'ordinateur; « L'heure du jeu » - dans l'arbre; « On se déguise! » - dans les cheveux du clown; « Me voici » - sous un pneu; « Cuisinons ensemble » - sur le dossier de la chaise; « Le défilé des instruments » - derrière la harpe; « Le placard à jouets » - sur l'étagère du haut; « Bonne nuit! » - dans le vaisseau spatial.
Réponses aux questions de la page 31 • De quelle couleur est le cône sur la page des formes? Bleu • Combien d'œufs y a-t-il sur la table? Quatre • De quelle couleur sont les gants de l'astronaute? Rouges • Le caméléon malicieux a un ami piquant que l'on voit deux fois. Peux-tu le trouver? Il y a un hérisson dans la salle de bain et un autre en haut du placard à jouets. • As-tu trouvé l'animal qui a deux cornes? Le rhinocéros apparaît sur trois pages différentes : « Le matin », « Le placard à jouets » et « Bonne nuit! ». • Quels moyens de transport peuvent t'emmener en vacances? Un avion, une voiture, un autobus, une bicyclette, une moto, un bateau, une voiture de sport et un train.